Pe. Ferdinando Mancilio, C.Ss.R.

FAMÍLIA, NOSSO LUGAR

EDITORA
SANTUÁRIO

CB012255

DIREÇÃO EDITORIAL:
Pe. Fábio Evaristo Resende Silva, C.Ss.R.

COORDENAÇÃO EDITORIAL:
Ana Lúcia de Castro Leite

COPIDESQUE:
Ana Lúcia de Castro Leite

REVISÃO:
Luana Galvão
Manuela Ruybal

ILUSTRAÇÕES E CAPA:
Reynaldo Silva

DIAGRAMAÇÃO:
Bruno Olivoto

Coleção Sementinhas de Fé
Volume 8

ISBN 978-85-369-0411-5

2ª impressão

Todos os direitos reservados à **EDITORA SANTUÁRIO** — 2021

Rua Pe. Claro Monteiro, 342 – 12570-000 – Aparecida-SP
Tel.: 12 3104-2000 – Televendas: 0800 - 0 16 00 04
www.editorasantuario.com.br
vendas@editorasantuario.com.br

APRESENTAÇÃO

A Editora Santuário, cumprindo sua missão catequética e evangelizadora, coloca ao alcance dos pais, catequistas e das Comunidades a Coleção **Sementinhas de fé**. O projeto quer ser um subsídio que complemente e dinamize o processo catequético, oferecendo os principais elementos da fé cristã, numa linguagem simples e adequada à idade das crianças, que estão sendo iniciadas em sua vida de fé.

Os livros foram concebidos para serem bastante interativos, com ilustrações e tarefas que despertam o interesse da criança em explorar e conhecer os conteúdos que serão aprofundados na catequese. Portanto, os livros podem ser usados tanto no contexto da catequese formal, oferecida pelas Comunidades, como também pelos pais, pastorais e grupos que trabalham com crianças.

Há desenhos intencionalmente preparados para a criança colorir conforme sua percepção. É bom deixá-la colorir conforme seu desejo. Melhor o adulto não interferir, mas sim dar uma palavra de incentivo. Os catequistas ou os pais poderão ajudar a criança a penetrar cada página, mas jamais subtrair sua reflexão. Quando a criança fizer uma pergunta, essa jamais poderá deixar de ser respondida, e é bom lembrar que a resposta não deve ser além de sua pergunta.

Neste oitavo volume, intitulado **Família, nosso lugar**, procuramos resgatar o valor da família e o prazer da convivência humana no relacionamento familiar. Conservar o dom de Deus é estar ao lado de seu amor.

Desse modo, esperamos colaborar com a formação humana e cristã das crianças, ajudando os pais e catequistas a ter em mãos um material que os auxilie nesse compromisso de fé.

Tudo o que for feito para ajudar as pessoas, a começar pelas crianças, seja para a glória de Deus e de seu Filho Jesus Cristo. Assim seja.

Pe. Ferdinando Mancilio, C.Ss.R.

FAMÍLIA: NOSSO LUGAR (DOM DE DEUS)

Vamos conversar sobre a FAMÍLIA! Você tem uma família: Você, seus pais e seus irmãozinhos! E também você tem seus avós, seus tios, seus primos... Nossa! Quantas pessoas, não é mesmo? Quanto mais, melhor, você não acha?

O mais importante na família é o AMOR, a AMIZADE, o ENCONTRO, o PERDÃO, sempre um ajudando o outro. A gente não fica feliz quando um ajuda o outro?

4

ENTÃO NA FAMÍLIA NÃO PODE FALTAR O AMOR!

AH! O AMOR FAZ A GENTE SER COMO UM CISNE, MUITO BELO, ELEGANTE E FELIZ!

Ele ficou triste e foi embora. Andou de um lugar para outro. E continuaram a chamá-lo de feio. E ele se achava mesmo o mais feio de todo o mundo.
Um dia, enquanto estava fugindo, encontrou um lago bonito e ficou por ali escondido.
De repente, veio um bando de crianças que começaram a gritar:

"Ei, tem visitante novo no lago. Nossa! Olha como ele é lindo!"
O patinho pensou assim: "Lindo! Isso não é comigo. Estão falando não sei de quem..."

MAS O "PATINHO", QUANDO VIU TODAS AS CRIANÇAS OLHANDO PARA ELE, OLHOU PARA A ÁGUA E VIU O REFLEXO DE SEU CORPO: "ELE ERA UM BELO E JOVEM CISNE". SUA TRISTEZA FOI EMBORA E ELE VIVEU FELIZ PARA SEMPRE!

A FALTA DE AMOR DEIXA AS PESSOAS TRISTES.
DESPREZAR AS PESSOAS É ENTRISTECÊ-LAS, COMO O "PATINHO FEIO".
O AMOR FAZ AS PESSOAS FELIZES.
VIVENDO NO AMOR, VOCÊ SERÁ FELIZ EM SUA FAMÍLIA!

VAMOS REZAR:

Pai do Céu, o Senhor me deu tudo o que eu tenho e preciso para viver. O Senhor me deu uma família bonita, que eu amo muito. Nós gostamos muito uns dos outros, e assim o Senhor fica muito contente com todos nós. Obrigado, Pai do Céu, pela família que o Senhor me deu. Amém!

JESUS NASCEU NUMA FAMÍLIA, E SEUS PAIS FORAM MARIA E JOSÉ. ELES VIVERAM EM NAZARÉ, E JESUS APRENDEU MUITAS COISAS DA VIDA E DA BÍBLIA COM MARIA E JOSÉ. ELE FOI CRESCENDO NÃO SÓ NO CORPO, MAS TAMBÉM NO CORAÇÃO, QUE FOI SE ENCHENDO DE AMOR ATÉ TRANSBORDAR E CHEGAR A NÓS, A MIM E A VOCÊ.

ASSIM FOI COM JESUS, LÁ EM
NAZARÉ. ELE TINHA SUA CASA, ONDE
VIVIA COM MARIA E JOSÉ.
CERTAMENTE JESUS BRINCOU
COM OS COLEGUINHAS DELE,
ASSIM COMO VOCÊ BRINCA
COM SEUS COLEGUINHAS.
JESUS APRENDEU MUITAS COISAS
COM MARIA E JOSÉ, ASSIM COMO
SEUS PAIS ENSINAM VOCÊ EM MUITAS
COISAS BOAS E BONITAS!

VAMOS APRENDER...

Jesus morava em Nazaré! Eu moro em _____!
Jesus brincava com seus coleguinhas! Eu também _____ com meus coleguinhas!
Jesus aprendia tudo com Maria e José! Eu também aprendo muito com meus _____.
Jesus respeitava muito Maria e José! Eu também vou _____ meus pais!
Jesus amava muito as crianças! Eu vou _____ muito a Jesus!

(*LUGAR ONDE VOCÊ MORA* – BRINCO – PAIS – RESPEITAR – AMAR)

NATAL:

Dia em que Jesus nasceu em Belém, num lugar que nem casa era, um lugar pobre e muito simples! Não tinha quase nada de tudo o que ele precisava. Mas tinha o calor do amor de Maria e de José!

FAMÍLIA DE ZACARIAS, ISABEL E JOÃO

Houve também uma família muito importante: a de Zacarias e Isabel. Eles eram já bastante idosos e não tinham filhos. Mas Deus, por meio do Anjo Gabriel, prometeu-lhes que eles seriam pais. E dentro de pouco tempo

Isabel ficou tão feliz e "gritou" assim: "Como eu posso ser visitada pela mãe de Jesus?" E Maria ficou com ela três meses, para ajudá-la!

Essa foi uma família abençoada!
Sua família também
é muito abençoada!
Você deve dizer obrigado a
Jesus pela família que você tem!
Fica triste quem não
tem uma família!

VAMOS REZAR:

Pai do Céu, eu vos agradeço pelo meu papai e minha mamãe. Eu vos agradeço pela minha família e por todos os que me ajudam a crescer e viver com alegria e em paz. Olhai com bondade para todos nós, e vossos Santos Anjos me guardem, também nossa casa, meus pais e meus irmãozinhos. Pai do Céu, muito obrigado pela minha família! Amém!

SABE POR QUE PRECISAMOS LEMBRAR SEMPRE?

VAMOS LÁ VOU AJUDAR
VOCÊ A PENSAR:

QUEM AMA NÃO É EGOÍSTA!

QUEM AMA PENSA NOS OUTROS!

QUEM AMA NÃO FAZ NENHUMA MALDADE!

ENTÃO, PENSE NAS CRIANÇAS

Pobres que não têm casa para morar!
Tristes, porque não podem estudar!
Que estão com fome, porque não têm o que comer!
Que estão sofrendo por causa da maldade de gente grande!
Que são desprezadas pelos pais e seus coleguinhas!
Que nunca puderam vestir uma roupa nova!
Que nunca puderam viajar ou passear em lugares diferentes!

Elas precisam ser amadas em primeiro lugar, pois são as mais necessitadas. Foi o que Jesus fez! É o que eu e você podemos fazer!

PENSE E RESPONDA:

Eu vou sempre _____ e fazer o bem!

Vou _____ o que tenho com os que precisam!

Eu não vou ser _____ nem um pouquinho em minha vida!

Vou sempre me _____ com os outros para ajudar os pobrezinhos!

Vou ser sempre _____ das crianças tristes e abandonadas!

(PENSAR – REPARTIR – EGOÍSTA – UNIR – AMIGO-A)

Sabe o que você poderá fazer? Quando estiver junto de seu papai e sua mamãe, você segure na mão deles e diz assim: "Eu quero rezar com vocês!"

Então você reze assim:
Pai nosso, que estais nos céus,
Santificado seja o vosso nome;
Venha a nós o vosso reino;
Seja feita a vossa vontade,
Assim na terra como no céu.
O pão nosso de cada dia nos dai hoje;
Perdoai-nos as nossas ofensas,
Assim como nós perdoamos a
Quem nos tem ofendido.
Não nos deixeis cair em tentação,
Mas livrai-nos do mal. Amém.

COLOQUE UMA MÃO SOBRE A CABEÇA DE SEU PAPAI E A OUTRA SOBRE A CABEÇA DE SUA MAMÃE E REZE:

"Pai do Céu, abençoe meu papai e minha mamãe. Eles são muito bons para mim. Eu gosto muito deles. Por isso, eu peço que o Senhor os ajude e os abençoe. Em nome do Pai e do Filho e do Espírito Santo. Amém!"

LEMBRE-SE:

Sua família é o presente mais bonito que você recebeu de Deus!